Jours de France

I

Hidden House

FRÉDÉRIC VOSSIER

Jours de France

I

Hidden House

LES SOLITAIRES INTEMPESTIFS

"Auteurs Présents" bénéficie du soutien du Ministère de la Culture et de la Communication (DRAC Rhône-Alpes) – partenaire dès les premières heures de ce comité – et de la Fondation du Crédit Mutuel pour la lecture qui soutient dans toute la France, au sein des milieux scolaires, des actions de sensibilisation à la lecture et à l'écriture dramatique contemporaine.

© 2005, LES SOLITAIRES INTEMPESTIFS, ÉDITIONS
Château La Bouloie – 1, chemin de Pirey – 25000 BESANÇON
Tél. : 33 [0]3 81 81 00 22 – Fax : 33 [0]3 81 83 32 15

www. solitairesintempestifs. com

ISBN 2-84681-138-5

C'est pour favoriser la diffusion et la connaissance des écritures théâtrales d'aujourd'hui que les Célestins, Théâtre de Lyon, ont mis en place, dès 2000, un comité de lecture.

Au fil du temps, ce travail a fait l'objet de prolongements multiples : production et diffusion, travail en direction des lycéens et étudiants, et désormais publication.

Avec la complicité de leurs professeurs et de dramaturges, les élèves lisent et choisissent un corpus de textes au cours de l'année. Ensemble, ils questionnent ces œuvres, confrontent leurs points de vue et imaginent des mises en espace.

Ces rencontres donnent lieu à des échanges entre auteurs et lycéens lors de la manifestation publique *"Auteurs Présents"*.

Point d'orgue aux travaux dramaturgiques élaborés pendant un semestre, cette manifestation propose de rendre visible la synthèse de ces réflexions en conviant les auteurs, les étudiants, les enseignants et tout spectateur passionné de littérature théâtrale, à croiser leurs points de vue esthétiques, thématiques et stylistiques. Ces discussions ferventes sont agrémentées par la lecture à voix haute de courts extraits de textes.

La publication de *Décomposition d'un déjeuner anglais* de Marie Dilasser, *Ecchymose* de Jean-René Lemoine et *Jours de France* de Frédéric Vossier, marque une étape importante de cette démarche concrétisée en 2005, avec des élèves de l'institution des Chartreux et des lycées Ampère, Édouard-Herriot et Saint-Exupéry de Lyon.

Le comité de lecture et la manifestation "Auteurs Présents" *sont dirigés par Denys Laboutière.*

Note de l'auteur

Jours de France *est une trilogie dont* Hidden House *constitue le premier volet. Les deux suivants sont* Cadere *et* Arrivée.

Je tiens à remercier Denys Laboutière pour l'intelligence et la bienveillance de ses observations.

*Nous devons nous réveiller de ce que fut
l'existence de nos parents.*

Walter Benjamin.

PERSONNAGES

LA FEMME
LA FIGURE

(...)

Obscurité. Des bruits. Quelqu'un se cogne dans l'obscurité.

LA FEMME. – Vers le sud.
Vers le nord.
La maison s'éloigne.
La maison tourne.
Et ne revient pas.
Car quand la nuit remue, viens m'aider, dit maman.

Silence.

Je ne sais plus où est la maison.
Ces temps-ci.
La maison n'est plus vraiment maison.
Une maison entière qui s'évade.
Une maison effrayée qui s'éloigne.
Surtout quand tout se met à remuer.
Les dangers de la société.
La maison entière qui a peur de la société.
La maison, entière, qui a peur des malheurs de la société, se disperse en fuite dans la forêt.
Surtout la nuit, pour se cacher.

Silence.

Quand les ombres se cachent.

Les portes et les fenêtres sont fermées.

La maison dans sa fuite n'a plus de portes ni de fenêtres.

Tant que la maison n'est pas en feu.

Tant que la maison fuit dans la forêt.

Une ombre qui danse dans la pénombre.

Comment peut-on voir une ombre dans une maison si sombre ?

Quand tout se met soudain à remuer.

Pourquoi faut-il que les ombres se cachent ?

Pourquoi faut-il que cette maison soit si sombre ?

Je savais bien ces temps-ci qu'une ombre dansait dans la pénombre.

Je suis allongée par terre et ma bouche est tellement lourde.

Couchée.

Ramenée à la terre.

L'humilité de la poussière.

Une ombre passe.

Et une autre encore.

Maman regarde les ombres passer.

Et la maison peut rester encore debout.

La maison court dans la nuit pour s'enfuir.

Maman ces temps-ci regarde l'ombre quand la maison se perd dans la forêt pour s'enfuir.

Le nord.

Le sud.

N'importe où.

Qu'importe.

La maison s'éloigne.

La maison se perd.

Courant affolée dans la nuit.

Nous courons vers la forêt.

La maison court dans la forêt.
Et la maison revient sur ses pas.

Silence.

Quand la nuit remue, viens m'aider, dit maman.
Quand la nuit remue, entends-tu maman ?
Entends-tu maman pleurer ?
Sais-tu seulement que la nuit remue ?
Sens-tu seulement comment la nuit, maintenant,
remue ?
M'entends-tu ?

(...)

La femme allume un écran de télévision qui reflète
sur elle, sur les murs, des images en mouvement,
colorées. Déambulation. Elle peut se cogner dans
des objets qui jonchent le sol.

LA FEMME. – Ces temps-ci.
Là-bas.
Dans un endroit de la maison où je peux encore voir.
Aussi sombre que cela puisse paraître.
Là où je peux encore marcher.
Là où je peux encore parler.
Quelque part.
Aussi loin que cela puisse paraître.
Ou aussi près.
Cela ne veut plus rien dire, peut-être.
Quand la nuit remue, viens m'aider.
Car tout est fichu.

Silence.

L'autre nuit.

Quelque part.

Là où j'ai cru voir, un instant.

Ces temps-ci.

Entendre.

Une respiration.

Bruits de couteau.

Respiration, et mastication.

Gorge pleine.

Un bouffeur de viande.

Une présence.

Un cœur qui bat.

Le silence qui remue, qui craque, minuit dans la maison, surtout quand les ombres passent.

(...)

LA FEMME. – Le craquement du silence quand la nuit remue.

Deviner un homme au loin dans la pénombre.

Entendre un homme quelque part dans la maison.

Voir peut-être un homme mâcher de la viande rouge.

Un homme qui plante son couteau dans la viande pour la découper.

Le bonheur de savoir qu'il y a un homme dans la maison.

J'ai alors en tête : un homme dans un endroit de la maison.

Mon bonheur.

Ce que les femmes aiment par-dessus tout.

Ce qui met les femmes sens dessus dessous.

Le bonheur d'être vu et entendu.

Et l'espoir, aussi, de voir et d'entendre.

Avec peut-être, un homme, là-bas, l'endroit, un instant.

L'homme est à la maison, dit maman.
Mon bonheur est dans la maison.

Silence.

Qui peut encore parler de bonheur ?
On parle un instant de bonheur.
On ne parlera de bonheur que dans la maison.
On ne trouvera de bonheur que dans la maison.
Même si la maison tout entière s'enfuit et disparaît
dans la forêt.
N'ayons pas peur que la maison s'enfuie entièrement
dans la forêt.
Et comme la nuit remue.
Et si tu venais m'aider.
Car tout est fichu.

(...)

La Femme. – Quand tout se met soudain à remuer.
L'ombre est sortie de la maison pour se disperser
dans la forêt.
J'aurais voulu m'enfuir et embrasser l'ombre dans la
forêt.
Je ne sais plus où est la maison.
Qu'importe.
Le nord.
Le sud.
J'ai cru entendre un instant les bruits venant de la
cuisine.
L'endroit où la viande glisse dans la gorge.
Le souffle de ta bouche qui mastique.
Que fais-tu maintenant ?
Es-tu seulement dans la maison ?
Viens m'aider.

Silence.

Je devine une bouche ouverte.
Une bouche qui rit.
Une respiration, dans la maison.
La respiration qui flotte, qui danse, qui s'enfuit entre les ombres.

Petit silence.

Tu entends comment ma bouche est lourde.
Tu n'aimes pas quand ma bouche est lourde.
Qu'est-ce que tu fais ?
Qu'est-ce que tu veux ?
Qu'est-ce que je peux faire de toi ?
Qu'est-ce que j'ai bien pu faire de toi ?
Tu essaies de me faire peur.

Silence.

Tu as peut-être peur.
Je t'ai fait peur ?
Tu es là ?
Es-tu vraiment là ?
Pourquoi murmures-tu ?
À cause de ma bouche ?
Qu'est-ce qu'il y a de mal à avoir une bouche lourde ?
Pourquoi faut-il que tu murmures caché dans la maison quand j'ai la bouche si lourde ?
S'il te plaît.
Arrête de murmurer.
Arrête.
Tu me fais peur.

Viens m'aider.

Pourquoi la maison est-elle devenue si sombre ?

Tu es là ?

Tu viens m'aider ?

Tu viens toujours m'aider d'habitude.

Tu viens ?

S'il te plaît, arrête de murmurer.

(...)

LA FEMME. – Tu te caches quelque part.

Tu ne parleras sans doute pas.

Mais qui est dans la maison ?

Es-tu seulement encore dans la maison ?

Silence.

L'ombre est peut-être perdue dans la forêt.

Je suis toute nue.

Toute nue et toute seule.

J'ai perdu la tête.

La bouche est lourde.

Et tout est fichu.

Viens m'aider, dit maman.

Tu n'aimes pas voir ça.

Tu n'aimes pas me voir toute nue.

Tu ne regardes pourtant pas ailleurs quand je suis toute nue.

Tu as tout vu quand je suis nue.

Tu m'as vue toute nue, et tu m'as vue danser dans la maison.

Et tout est fichu.

Silence.

Tu m'as vue toute nue en train de danser dans la maison.
Et tout est maudit.

Silence.

Qu'est-ce qui gêne ?
Tu me vois toute nue en train de danser et te voilà gêné.
Ne me dis pas que tu es gêné.
Ton ombre.
Tu essaies de te cacher, et je te vois quand même.
Tu es gêné parce que tu m'as vue danser toute nue.
Je m'habille et tu viendras.

Silence.

Viens allumer la lumière.
Viens me rejoindre devant la télévision.
Ne restons pas dans l'ombre.
Sortons de là.
Je te vois, sors de là.
Tu me fais croire quelque chose.
Tu crois que je ne vois rien.
Tu crois que je suis idiote.
L'autre jour, j'ai bien vu que tu étais là.
Qu'importe l'endroit où tu es.
Je t'ai vu avec un couteau à la main.
Entre nous.
Au chaud.
Quand il pleut.
L'ombre dans la forêt.
La respiration entre les ombres qui dansent.
Le nord.

Le sud.
Tu ne veux pas allumer la lumière.
Maman qui aime embrasser les ombres.

La femme allume la lumière.

(...)

Silence. Elle s'habille. Fait un peu de rangement.
S'approche d'un coin obscur de la pièce.

LA FEMME. – Un homme à la maison.
Y a-t-il un homme à la maison ?
Le goût d'un homme qui a faim.
Ne me fais pas croire, car je te vois.
Je crois que demain nous sommes dimanche.
Je viendrai même embrasser ton ombre.
Nous avons nos habitudes.
Ce que nous mangeons le dimanche.
Ne manquons surtout pas demain de préparer ce que
nous mangeons le dimanche.
Nous ne manquerons pas ce jour.
Steak frites salade.
Ne me fais pas croire que tu as déjà oublié.
Je t'ai vu avec un couteau en marchant.
Dimanche.
Tu sais combien j'apprécie le dimanche.
Tu sais pourquoi j'apprécie tant le dimanche.
Je pèle les pommes de terre.
Tu les coupes finement.
Je nettoie les pommes de terre.
Tu les égouttes.
L'huile.
L'odeur de l'huile dans la cuisine.

Dimanche d'automne.
Saison préférée.
Steak frites salade.
Nous sommes ensemble.
Un bouffeur.
Dimanche.
Steak frites salade.
Je ne sais toujours pas si tu seras là dimanche.
Tu me fais croire que tu ne seras pas là.
Tu fais croire tant de choses.
Je sais que tu es un bouffeur de viande.
Dimanche.
Demain, j'en suis sûre.
Steak frites.

Silence.

Je sais que tu es capable de me laisser seule un dimanche.
Mais je sais aussi que tu coupes les pommes de terre à la perfection.
Tu coupes les pommes de terre à la perfection pour en faire des frites.
Nous aimons tellement les frites.
Tu bouffes.
Je te vois bouffer, à table.
Je te vois avec la viande rouge que tu découpes et qui disparaît dans ta bouche.
Tu es avec cette viande rouge dans ta bouche, cette viande rouge et juteuse que tu remues dans tous les sens, dans ta bouche.
Tu mâches et tu engloutis, la bouche, la gorge, le bruit de la viande rouge et juteuse qui passe dans la gorge.

Dimanche.

La viande rouge qui donne un peu de jus, le jus qui coule dans la bouche, et dans la gorge.

Le bruit, entends-tu, le bruit que fait la bouche quand elle mord la viande à pleines dents.

Et ton visage, quand tu mords, quand tu mâches, et quand pour finir, tu avales, les yeux, la peau du visage.

Quand tu avales.

Les yeux que tu fais quand tu avales cette viande rouge.

La viande en bouillie.

Les yeux doux.

Le bonheur de manger.

Steak frites salade.

Le jus passe et coule dans la gorge.

La viande.

Nous mangeons de la viande rouge et nous voulons qu'elle soit épaisse, saignante, absolument tendre.

Nous voulons la sentir diminuer dans la bouche.

Nous voulons sentir le jus dans la bouche, sentir les dents s'enfoncer dans la viande et sentir le jus éclabousser légèrement l'intérieur de la bouche.

Je veux te voir manger de la viande rouge.

Demain.

Dimanche.

Jour préféré de la semaine.

Steak frites salade.

Silence.

Il reste la télévision.

On peut voir ton père à la télévision.

Quand la maison fout le camp la nuit pour se perdre dans la forêt, il reste évidemment la télévision.

Et si je vois par hasard ton père.

Si je le vois, je t'appelle, et tu viens.

Tu viens aussitôt voir ton père qui passe à la télévision.

Qu'est-ce que tu ne ferais pas pour venir voir ton père passer à la télévision ?

La fierté sur ton visage.

La fierté et le bonheur.

L'admiration.

Il faut qu'il passe à la télévision.

Il ne faut pas le rater.

Si je dis, dès maintenant, que ton père est sur l'écran de télévision.

Si je crie.

Si j'appelle.

Ton père est sur l'écran de télévision.

Je le crie et tu viens.

La nuit peut remuer.

La maison peut cesser d'être maison.

La maison peut s'enfuir loin à travers la forêt et se perdre.

Tu me laisseras devant l'écran de télévision.

Si je crie que ton père est sur l'écran de télévision, bien évidemment, tu viens.

Elle se met à crier.

Ton père est sur l'écran de télévision.

Silence. Puis elle se remet à crier.

Tu m'entends ?

Silence. Cri à nouveau.

Je vois ton père sur l'écran de télévision.

Silence.

Quand la nuit remue, viens m'aider, dit maman.
Mais la nuit peut remuer, la maison s'envoler, il peut
arriver n'importe quoi.
Mais où est donc passé ton père ?

(...)

LA FEMME. – Tu ne viens même plus voir ton père.
Tu me laisses seule avec ton père sur l'écran de
télévision.
Seule avec ton père, maintenant, comme jamais.
Le bonheur d'avoir un homme à la maison.
Il reste la télévision.
Depuis combien de temps n'a-t-on pas vu ton père ?
Nous ne sortons plus de la maison.
Et nous avons caché la maison.
Nous voulions toi et moi être tranquilles.
Et nous voilà perdus dans une maison qui se cache
dans la forêt.
Si la nuit remue, viens m'aider, dit maman.
Tranquille avec maman.
Qu'est-ce que fait ce couteau dans ta main ?
Quand la nuit remue, approche et dis-moi ce que tu
sais.
Quand la nuit remue, confie-moi surtout ce que tu
sens.
Devine ce que je sens.
Devine.
Mais je t'ai vu avec ce couteau.
Tu te caches dans la maison avec un couteau à la
main.

Parce que tu as peur.

(...)

LA Femme. – M'entends-tu, petit bonhomme ?
Petit bonhomme que j'aime.
Dis-moi que tu m'aimes.
Où es-tu ?
Où te caches-tu ?
Petit bonhomme, aime-moi.
Aime-moi et viens m'aider.

Silence.

Il est arrivé n'importe quoi.
La nuit a remué.
Un couteau à la main.

Silence.

Si tu crois me faire peur.

Silence.

Elle regarde la télévision, attentivement, peut s'esclaffer.

Si tu crois que j'ai eu peur.

Silence.

Si tu savais ce que je vois.
Si tu veux que je te raconte ce que je vois.

Silence.

Bruit.
Un petit bruit bref qui se répète.
Un bruit d'oiseau, peut-être.
C'est bien ça : un canari qui pépie dans une cage.
Entre quatre murs gris d'une petite chambre faible-
ment éclairée.
Un homme est couché sur un lit, sans faire de geste.
Il fume une cigarette.
Dehors, la ville et ses voitures, une légère clameur,
vraiment légère.
L'homme couché sur le lit attend que la nuit tombe.
Il y a des reflets de phares de voitures roulant sur le
boulevard de l'autre côté de la fenêtre.
L'homme se lève pour éteindre sa cigarette dans un
cendrier posé sur une table basse.
Il finit par se lever pour marcher, quelques pas, à
proximité du lit, observe un instant l'oiseau couinant
dans sa cage, revêt un imperméable et se met très
délicatement un chapeau en se regardant dans une
glace.
Son regard est froid, sec, la peau du visage est très
blanche.
L'homme semble prêt et sort de la chambre.

*Une figure apparaît dans le coin obscur, très légère-
ment.*

Il est arrivé ce jour, la nuit a commencé à remuer.
Surtout quand la nuit remue.
Que ton père parte.
Voilà.

LA FIGURE. – Comment sais-tu qu'il attend le cré-
puscule ?

Silence.

LA FEMME. – Si tu viens m'aider, je te raconterai.

LA FIGURE. – Tu m'as déjà raconté.

LA FEMME. – Déjà ?

La figure disparaît.

Déjà.

(Criant.) Déjà ?

Silence.

Tu crois que j'ai déjà tout dit.
Nous nous serions alors tout dit.
Mais qu'est-ce que tu m'as dit ?
À quoi sert ce couteau dans ta main ?

Silence.

Tu ne me dis plus rien.
Tu ne viens plus dans mon lit.
Tu es venu me dire que Pompidou est mort.
Tu venais dans mon lit pour me raconter des histoi-
res.
Tes histoires.
Dans mon lit, j'écoute.
J'aime t'écouter raconter des histoires dans mon lit.

Viens me raconter une histoire.
Non.
Tu crois que nous nous sommes tout dit.
Nous ne parlerons plus ensemble.
Tu crois tout savoir.
Pompidou est mort le jour où ton père est parti.

Silence.

Était-ce un dimanche ?
Sais-tu quel jour c'était ?
Tu crois tout savoir.

Silence.

Les gaullistes sont de vieux veaux qui tètent encore leur mère.

La figure apparaît à nouveau.

LA FIGURE. – Tu déprimes.

LA FEMME. – Oui.
Cela m'arrive.
Forcément.

LA FIGURE. – Tu déprimes, forcément ?

LA FEMME. – Je te dis que oui : forcément déprimée.

LA FIGURE. – Et que fais-tu contre cet état ?

LA FEMME. – Je mange une bonne tranche de steak bien saignante.

LA FIGURE. – Un steak ?

LA FEMME. – Oui, parfaitement.
Un steak.
Le steak, c'est la France.

La figure disparaît.

Tu crois peut-être qu'il allait revenir.
Tu as cru longtemps qu'il reviendrait.
Tu es venu dans mon lit, à sa place, tu es venu garder
sa place dans le lit.
Mais il n'est jamais revenu.
Il a pris juste quelques affaires, entassées dans une
valise.
Et il est parti un beau matin.
Tu connais cette histoire.
Tu crois connaître cette histoire.
Parti un beau matin, dans sa voiture, loin.
Et tu as cru longtemps qu'il allait revenir.
Pauvre petit.
Tout petit.
Et le corps de Pompidou sur l'écran de télévision.
Tout petit encore.
Quelque part.
La maison est grande.
Et nous vivons cachés.
Nous resterons cachés.

Silence.

Nous irons encore nous cacher dans le lit.
Le lit où il dormait.
Nous dormions dans le même lit.

Le départ et une valise.

Presque rien.

Un matin.

Un écran de télévision.

Il nous reste la télévision.

Et Pompidou.

Nous avions Pompidou.

Et nous pouvions crier.

Nous pouvions crier : « Patrons, c'est la guerre ! »

Pompe !

Le gros pompe.

Il n'est jamais revenu.

J'ai pris un air de taureau.

Prier dans l'obscurité.

Se tenir tranquille serrée dans l'obscurité.

Faible bruit dans l'obscurité.

Serrer le cœur.

Serrons nos cœurs, petit chéri.

Ne pas laisser la lumière du jour entrer dans la chambre.

Garder la chambre obscure et serrer le cœur.

Fermer les volets.

Au bout de la maison.

Garder le cœur bien fermé, petit chéri.

Si petit.

Il est interdit d'ouvrir les volets.

La figure apparaît et marche lentement, longe les murs et regarde les murs, regarde l'endroit. S'arrête devant un endroit du mur. Regarde avec attention.

Tu es certainement gêné par la saleté.

Tout est maudit.

Pourquoi faut-il que tu sois si gêné ?

Je peux bien sûr pisser sur la moquette.

Car tout est fichu.

Et si tu ne viens pas m'aider.

Je peux pisser dans les coins de la chambre obscure.

Maman pisse là où elle veut.

Maman chie là où elle veut.

Dans les assiettes.

Vaisselle Arcopal, achetée n'importe où, on s'en fout.

Tu es gêné.

Pauvre petit.

Vaisselle bon marché.

Les assiettes sont couvertes de merde.

Pauvre petit.

Les coins sales et puants de la chambre obscure.

Mais qu'importe.

À l'unanimité nous avons décidé d'être sales et bordéliques.

La chambre qui empeste l'urine et la merde.

Seuls les bourgeois lavent leurs murs.

Pourquoi ne confiez-vous pas le nettoyage à des spécialistes ?

Les C.R.S. sont là pour ça.

Mais tu ne l'as pas vu partir ce matin.

Tu as seulement vu sur l'écran de télévision le corps gonflé de Pompidou.

Et je n'ai rien crié.

Tu crois te souvenir.

Tu crois vraiment m'avoir parlé de Pompidou.

Tu ne sais pas qui est Pompidou.

Tu ne vois plus rien.

Tu ne vois que maman qui pleure.

Viens toucher les yeux de maman.

Viens toucher les larmes de maman.

Parce que la nuit remue.
Tu vois des fantômes.
Tu as peur des fantômes.
Dans le lit de maman.
Puisque la nuit remue, rejoins tout de suite le lit de maman.
Dans la chambre de maman qui pleure.
Viens lui annoncer que Pompidou est mort.
Dans la maison.
Le fantôme.
Lointain.
La maison lointaine.
Maman peut crier.
Regard de taureau.
Qu'est-ce qu'elle traite, maman ?
C'est un salaud.
C'est le dernier des salauds.
Maman qui se met en colère.
Tu as vu les larmes de maman.
Mais après Pompidou.

Silence.

Après.
Une fois que tout s'écroule.
Quand il ne reste que des fantômes.
Des chiffons.
Des poupées de chiffon qui traînent.
Poupées à la traîne, lourdes, sur le sol.
Poupées abandonnées.
Chiennes.
Putains.
Abandon.

Silence.

LA FIGURE. – J'ai vu à la télévision le président Mao nager tranquillement dans un fleuve.
Je t'ai vue admirer le président Mao nager dans ce long fleuve.
Je t'ai entendue parler du président Mao.

LA FEMME. – Heureusement que nous avons la télé-vision.

LA FIGURE. – Le film du dimanche soir.

LA FEMME. – Ton père fout le camp.
Il reste la télévision.

LA FIGURE. – Nous pouvons nous endormir tranquil-lement.

LA FEMME. – La nuit est calme, dimanche.
Steak frites salade.
Le film du dimanche soir.
Quand la nuit est calme, viens rejoindre maman.

LA FIGURE. – Tu n'as pas cessé de parler du président Mao.

LA FEMME. – Tu peux venir rejoindre maman dans le lit.
La place est vide.
Et viens raconter à maman tes petites histoires.
La cour de récréation.
Raconte à maman ce qui arrive dans les cours de récréation.

Maman veut savoir ce qu'il se passe dans les cours de récréation.

La figure devant un endroit du mur.

LA FIGURE. – Le président Mao est sur le mur de la maison.

LA FEMME. – La place est libre, et chaude, et viens raconter dans le lit.

LA FIGURE. – Vous aimez tant le président Mao.

LA FEMME. – Viens me rejoindre dans la nuit.

LA FIGURE. – Vous voulez voir le président Mao.

LA FEMME. – Viens me parler dans le lit.

LA FIGURE. – Vous parlez du président Mao.

LA FEMME. – Viens me raconter tes histoires.

LA FIGURE. – Le président Mao est dans la maison.

LA FEMME. – Ta petite fiancée, raconte.

LA FIGURE. – Mao.

LA FEMME. – Ta petite fiancée dans la cour de récréation.

Silence.

Nous suivrons étroitement pas à pas
Nous saisirons en profondeur
Nous appliquerons phrase par phrase
Nous appliquerons mot à mot
Chaque instruction du président Mao
Celles que nous comprenons
Nous les exécuterons
Celles que nous ne comprenons pas
Nous les exécuterons aussi résolument
Et dans ce processus d'exécution nous en approfon-
dissons la compréhension
Nous ferons de la pensée du président Mao la subs-
tance de notre âme
De façon qu'elle commande
Chacun de nos gestes
Chacun de nos nerfs.

La figure disparaît.

Mais quand la nuit remue.

(...)

LA FEMME. – Il ne reste plus que la télévision.
Je crèverai devant la télévision.
C'est tout.
Tout ce qui reste à faire.
Quand tout disparaît.
Tout disparaît.
Tout a disparu.
Vent, poursuite du vent, tout est fichu.
La maison cachée dans la forêt pendant que la nuit
remue.
Tu cherches dans la nuit le salaud, le dernier des

salauds qui a foutu le camp, tu le cherches et tu ne
dors plus.

Il a disparu, il n'est plus dans la maison.

Je t'explique qu'il n'est plus dans la maison.

Chambre obscure.

Tu le cherches dans l'obscurité.

L'obscurité de ta tête.

Ses yeux, son visage, ses cheveux.

Tu cherches longtemps dans ta tête un regard.

Un regard, en passant.

Chambre perdue dans l'obscurité.

Tête perdue dans la chambre.

Nous restons chez nous quand la nuit remue.

Le tout petit dans la maison de l'homme qui a foutu
le camp.

Mais où est donc passé ton père ?

Le salaud.

Le dernier des salauds.

Tu le cherches.

La maison qui tremble.

Le tout petit qui cherche celui qui est parti.

Maison à l'envers.

Tu cherches ton père la nuit, le matin, le jour.

Tu cherches ton père dans une maison à l'envers.

La maison qui tremble à l'envers.

La nuit.

Dans ta tête.

Tu cherches.

Cherches-tu encore ?

Mais qui me retrouvera ?

Qui viendra jusqu'ici retrouver un gros corps avachi
devant un écran de télévision allumé ?

Quand l'écran est en marche, encore, dans la nuit et
que maman dort, viens réveiller maman.

Viens réveiller maman qui crève.
Maman t'appelle.
Et tu dois entendre maman t'appeler.
Maman qui t'aime.

Silence.

Maman qui t'écoute dans le lit quand tu lui racontes
tout.
Car tu as pour habitude de tout lui raconter, à maman.
La joie de ton regard quand tu racontes tout à maman.
Car il n'y a que maman.
Car il ne reste que maman.
Seule maman.
Pour toi.
Rien d'autre.
Il reste maman.
Pour parler.
C'est tout ce qui reste d'ailleurs.
Une maison cachée dans la forêt.
Une maison qui s'éloigne dans la nuit.
Une chambre.
La chambre de maman.
Un lit.
Une télévision.
Maman.
Tu viens raconter à maman.
Rien que ta maman.
C'est tout.

Silence.

L'amour du tout petit pour sa maman.
Il fallait bien que tu montres ça.

Nous avons tellement bien montré ça.

L'amour.

Nous avons montré ça, beaucoup, autant qu'il fallait.

Autant que l'on a pu.

Gorges déployées.

Rires étouffants.

Les câlins.

Les bisous.

L'amour tout plein.

La fierté de montrer l'amour tout plein.

Tout plein du tout petit.

Tout plein de bisous.

Le visage tout plein de bisous.

La bouche.

Et le corps, de câlins.

Et le souffle.

Montrer fièrement que nous nous aimons tout plein.

Montrer le bonheur de s'aimer.

Nous voulons montrer que nous sommes si heureux.

Nous montrons fièrement que nous sommes tout pleins.

Il a eu beau partir.

Il a eu beau laisser la place.

Remplissons.

Je remplis la maison de bisous et de câlins.

Remplir.

Occuper la place.

Se rapprocher.

N'ayons pas peur.

Il ne faut pas avoir peur de se rapprocher.

Rapprochons-nous.

C'est ainsi.

La figure apparaît.

La Figure. – Dassault.

La Femme. – Câliner.

La Figure. – Enfermer Dassault dans une poubelle.

La Femme. – Les câlins de maman.

La Figure. – Dassault parle à la télévision.

La Femme. – Quand nous nous cachons dans le lit.

La Figure. – Pourquoi faut-il que tu cries quand tu parles de Dassault ?

La Femme. – Que reste-t-il dans la maison ?
La télévision.
Et un chiffon.
Une poupée de chiffon.
Je suis ta grosse poupée de chiffon.
Moi.
Chiffon.
Tu joues dans le lit avec cette grosse poupée de chiffon.
Poupée macabre.
Poupée devant l'écran de télévision en marche.
La nuit remue.

La Figure. – Vous parlez en criant.

La Femme. – Nous crions parce que nous n'aimons pas les égoïstes.

La figure disparaît.

Nous détestons les égoïstes.
Et nous sommes devenus des chiffons.

La figure revient.

LA FIGURE. – Mais vous criez !

LA FEMME. – Tu ne peux pas comprendre !
Nous ne sommes pas des égoïstes.

LA FIGURE. – Séquestrer Dassault.

LA FEMME. – « La France du fric. »
Le temps des grands drapeaux.
Et après, les drapeaux sont devenus des chiffons.

LA FIGURE. – Si tu pouvais arrêter de pleurer.

LA FEMME. – Viens m'aider, dit maman, car la nuit
remue.

La figure disparaît.

Tu ne comprends rien.
Tu ne sais rien.
Vie chère.
Vie d'esclave, assez !
Des quartiers libérés.
Imagine des quartiers où l'on ne paie pas d'impôts,
ni de loyers, ni de transports.
Une organisation de la joie impressionnante.
Tu ne comprends pas ce qu'est la joie.
La police n'entre pas dans le quartier.
Il y a une vie incroyable, inimaginable.

Il y a une joie impressionnante.
L'organisation.
La joie qui organise.
Tu ne peux pas croire ce que je dis.
On construit quelque chose de commun dans la joie.
Tu n'as jamais construit quelque chose de commun.
Sais-tu seulement ce qu'est la joie ?

La figure revient.

LA FIGURE. – Je t'entends répéter toujours les mêmes choses.

LA FEMME. – La joie a disparu.
Tout disparaît.
Il reste la télévision et un gros morceau de chiffon.
Il n'y a pas d'action, il n'y a pas de joie, il n'y a pas d'arme.

LA FIGURE. – Si tu pouvais cesser de pleurer.

LA FEMME. – Pourquoi ?

Silence.

La figure disparaît.

Pourquoi ?
(Criant.) Pourquoi ?
Où es-tu ?
Pourquoi faut-il que tu te caches ?
Pourquoi rôdes-tu dans la maison avec ce couteau à la main ?
De quoi as-tu peur ?

Pourquoi ne réponds-tu pas ?
M'entends-tu seulement pleurer ?
Me vois-tu seulement baver ?
Cracher ?
Ma bouche est lourde.
Vois-tu seulement ce qu'est une bouche trop lourde,
quand elle bave et crache ?
Tu aimerais tant planter ton couteau dans ce gros
morceau de chiffon.
Comme un enfant.
Tu n'es qu'un enfant, seigneur du monde des rêves.
Qui passe en rêvant, planter ce couteau.
Plusieurs coups.
Dans la forêt.
Ce gros chiffon perdu dans une forêt de coups de
couteau.

Silence.

*La figure apparaît en riant ; rire d'enfant. La figure,
soudainement : allure d'enfant.*

LA FEMME. – Mais que fais-tu ?

La figure enfantine rit aux éclats.

Dis-moi ce que tu veux.

La figure enfantine pleure.
*La femme s'approche, puis recule. La figure enfan-
tine rit et pleure pendant que la femme avance et
recule.*

LA FIGURE. – Tu te demandes bien ce que j'ai.

La figure rit.

Tu te demandes ce que je fais.
Mais y a plus.
Plus du tout.
Tu ne comprends pas ce que je veux.
Zoui-zoui.
Mémé purée et pépé marteau.
Tu ne me reconnais pas ?
Crouilli-crouilli.
N'essaie pas de me tuer.
Plus ça.
Bouh !

La figure pleure.

LA FEMME. – Mais pourquoi pleures-tu ?

LA FIGURE, *riant*. – Mais je ne pleure pas.

LA FEMME. – Mais pourquoi ris-tu ?

LA FIGURE, *pleurant*. – Mais je ne ris pas.

LA FEMME, *hurlant*. – Pourquoi ?

La figure disparaît.

Silence.

Pas de réponse.
La tristesse.
J'ai déjà vu ta joie d'enfant.
Quand un enfant rit.

Quand un enfant raconte une histoire.
L'enfant aime parler aux astres, avec ses doigts, ses yeux, sa bouche.
L'enfant avance vite et zigzague, avec ses pattes.
Lentement debout.
L'enfant joue à l'épicier, à l'instituteur.
L'enfant est moulin, camion, wagon.
L'enfant est labyrinthe.
L'organisation de la joie impressionnante.
L'organisation centralisée de la violence.
On crèvera les organisateurs de l'ennui.
Tous ensemble et en même temps.
À la base et dans l'action.
Qu'est-ce que tu peux comprendre à ça ?
Sais-tu de quoi je parle ?
Quand la nuit remue, viens m'aider, dit maman.
M'entends-tu seulement parler ?
Un chiffon triste au milieu de la forêt.
Craindre ni les épreuves ni la mort.
On peut se moquer de nous.
Tu peux te moquer de moi.
Tu peux ricaner.
Tu peux rigoler de ce vieux chiffon à la traîne dans la forêt.
On peut nous traiter de fils et de filles à papa.
On dit que nous avons des têtes de fils et de filles à papa.
On dit que la bourgeoisie internationale nous lèche le cul.
Des fils et des filles à papa.
Capricieux, confus et désemparés.
On dit que les flics sont les vrais prolétaires.
On dit que les flics sont les vrais fils de pauvres qui viennent des taudis.

Tu n'as pas vu :
Nous nous cognons avec les flics.
Tu n'as pas entendu :
Il faut assimiler la théorie du président Mao.
Et savoir l'appliquer.
Il faut l'assimiler dans le seul but de l'appliquer.

(...)

LA FEMME. – Mais moi aussi je peux tenir un couteau.
Moi aussi je peux planter un couteau.
Mais c'est déjà dimanche.
Qu'avons-nous déjeuné à midi ?
Dimanche passe.
Quand dimanche passe, je t'aime, dit maman.
Dimanche n'est-il pas déjà passé ?
Déjà.
(Criant.) Déjà ?
Et toi n'es-tu pas déjà passé ?
Je n'ai rien déjeuné à midi et la télévision est encore en marche.
Il n'y a pas eu de viande rouge à midi.
Je ne t'ai pas vu, pas une seule fois de la journée.
Rien.
Pas même deviné.
Pas vu de la journée, petit bonhomme.
De la semaine.
Depuis combien de temps, seigneur.
Pas de viande rouge, pas d'odeur.
Pas de frites.
Et je n'ai pas vu de salade.
La maison est trop cachée.
La forêt est beaucoup trop loin.

Beaucoup trop grande.

La maison s'éloigne dans la forêt trop grande.

L'année où ton père a disparu dans la maison obscure.

L'année de la maison cachée.

Tu es venu me dire que Pompidou est mort.

Je te répète.

Tu te trompes.

Cela ne s'est-il pas plutôt passé quand la police a découvert le corps des années avant ?

Quand je te parlais de ce terrain vague et désert dans la banlieue blafarde.

L'année de la découverte du corps.

Il y a la nuit qui m'attend.

Peut-être viendras-tu m'aider.

Ce que dit maman.

Ce dont rêve maman.

Il y aura sans aucun doute le film du dimanche soir.

Il me reste heureusement maintenant le film du dimanche soir.

Et je verrai peut-être ton père à la télévision.

Achevé d'imprimer en France
le 6 juin 2005
sur les presses de

52200 Langres - Saints-Geosmes
Dépôt légal : juin 2005 - N° d'imprimeur : 5910